Lechuza, Linterna, Locura

Epistolario íntimo

Tabla de Contenido

Editorial La Orilla Oscura

Yo tengo un amigo muerto
Que suele venirme a ver:
Mi amigo se sienta y canta;
Canta en voz que ha de doler.
José Martí

Yenisley Brito León

***

Lechuza, Linterna, Locura

***

Epistolario íntimo

YENISLEY BRITO LEÓN

Lechuza, Linterna, Locura: Epistolario íntimo
©Yenisley Brito León: De los textos
©Abiney Barrios Reyes: De la imagen de portada
© Ediciones La Orilla Oscura: De la presente edición.
Edición, maquetación y diseño de portada: Beatriz Torrente Garcés
Ediciones La Orilla Oscura, Querétaro, México, 2023.
La Orilla Oscura es un grupo independiente y alternativo. Interesado en promover la literatura cubana de forma voluntaria y sin retribución ni financiamiento alguno de institución, partido político o personalidad alguna.
Email: editoriallaorillaoscura@gmail.com

ISBN: 9798215200049

Dedicatoria que debió ser carta.

A Urso, mi hermano oso que se fue antes de tiempo; a Lynn, la Musa amada por ambos; a la princesa Ligia y a los fantasmas del pasado. Porque sin el pasado no hay presente.

Aunque ya no estén o sean distintos, las buenas obras no deben olvidarse, porque la vida es la suma de cada suceso que nos imaginó tal como somos. Cada carta fue una historia, toca conjeturar cómo se encadenaron una con otra, unos con otras, otra con una. Yo no lo explicaré, sólo amando mucho puede expresarse. Sólo siendo muy cruel habrá censuras.

Y es al fin; lo vivido para vivir.

Y.B.L.

PROLOGO:

Para la escritura de su libro Yenisley Brito León ha escogido una forma especial de la escritura, la epístola. Es esta un tipo de comunicación escrita, básicamente entre dos personas, que pueden girar en torno a un motivo en particular o tratar de varios asuntos que conciernen tanto al remitente como al destinatario. Por lo general, como tanto el uno como el otro son personas que comparten un grado de confianza y de instrucción aproximados, se emplea un lenguaje cotidiano sin mayor elaboración estilística. Lógico, esto depende de la educación de las personas y también de la mayor o menor seriedad del tema que se aborda. No sería igual una carta que busque establecer cierto trato comercial que otra donde se actualicen aspectos sobre la vida común de las personas u otra en que alguien intenta establecer un vínculo amoroso con alguien. Por supuesto hay epístolas que un individuo escribe para un colectivo de personas, o sea, un escrito que hace un intelectual, líder o figura religiosa para comunicar algún asunto de interés para una comunidad. En cada caso es el destinatario, en primer lugar, y el asunto los que marcan la manera en que se escribirá la epístola.

Ya el hecho de escoger esta forma literaria es un reto en sí mismo, si se tiene en cuenta el número de epístolas ya publicadas por autores famosos, desde San Pablo, Petrarca o Montesquieu, hasta Benito Pérez Galdós o Franz Kafka. Esto le deja poco margen a la autora para ser creativa. Sin embargo, la autora a fuerza de ser sincera y emprender su tarea con una alta tensión poética logra un libro no solo hermosamente escrito sino incitante a la reflexión personal por los temas que toca y su peculiar acercamiento a ellos.

En el libro que presentamos es un personaje, Jen, quien redacta las misivas. Las mismas están dirigidas a dos personas amadas ya fallecidas, su hermano Urso (Oso) y su amiga Lynn, a quien se dirige de las más amables maneras. Por la manera de expresarse se verifica que Jen es una persona de alta instrucción, no solo por el empleo de imágenes originales sino también por el empleo continuo de referencias a escritores...

El propio título nos revela un rasgo especial de los textos que están incluidos aquí. "Epistolario íntimo", escritos de una persona dirigidos especialmente a exponer, razonar y fundamentar determinados asuntos a otro interlocutor. Pero el adjetivo "íntimo" intensifica aún más el carácter interpersonal, cuidadosamente privado, de lo que se desea comunicar. ¿Razones? Poder explicar del modo más directo, sincero, despojado de circunloquios los asuntos que inquietan, exaltan y dinamizan al ser que escribe. No suele ser fácil para alguien realizar un acto tal de descubrir su alma ante otro, pues se trata de un acto de nudismo, con que se exhibe cuerpo y alma mediante la palabra.

El libro que presentamos recurre al mestizaje de tres subgéneros de la literatura. Con absoluta libertad y, sobre todo, con una hábil facilidad asume formas de la epístola, la viñeta y el poema en prosa. Esto le confiere una riqueza formal y expresiva que el lector agradece pues su escritura se degusta con especial delectación.

Hay algo que resulta notable en la escritura de estas epístolas. Se trata de la rara combinación de pasión y reflexión. Quien escribe expone un corazón desbordado de amor por aquellos con quienes se comunica. La escritora no pierde oportunidad para afirmar su pasión por esos seres que le son tan necesarios que debe atarlos a su vida mediante la escritura. Así le dice a Urso; "Te amo mucho, hermano Urso, y ni aunque te enfades por una palabra tan grande, voy a dejar de decírtelo. Ojalá algún día logres creerme, porque el amor profundo no tiene que ver con la atracción sexual."

Al leerla nos enfrentamos a un ser que entrega su alma pero a la vez no deja de reflexionar sobre motivos y consecuencias. De manera que a la vez que confesión, las cartas son una suerte de autovaloración de su destino. A la larga, se trata de quedar absolutamente en paz con el pasado. Entenderlo y apreciarlo mejor para que el porvenir no sea solo dolor sino también amplitud de miras para enfrentar situaciones semejantes.

Tres son los temas principales que se abordan a través de las cartas: el conocimiento, el amor y la amistad, aunque se tocan muchos otros motivos secundarios. Sin conocimiento uno no puede orientarse en la vida y está condenado a repetir fracasos. Este está vinculado a la *experiencia*. Es por ello que Jen recuerda a su hermano unas palabras que este le dijera: "Los mejores maestros de vida son los errores y los fracasos: quedarse sin dinero, quedarse sin poder, ver morir a los seres queridos, que te rompan el corazón... cuando se sobrevive a esas cosas, se aprende a vivir sin desperdiciar un minuto." Porque es precisamente atravesar por los abismos y los rápidos de la existencia lo que nos vuelve fuertes para nuevas travesías.

El amor es el tegumento que nos liga al otro. Nos hace vivir y ser a través de la otra persona. De manera que un ser se vuelve para el otro una suerte de yo alternativo, un yo que está fuera de mí pero a la vez está en mí y por eso es unidad de carne y afecto. Así le dice Jen a Lynn: "Eres yo. Soy tú. Somos una. Si tú sufres, yo te abrigo. Si tú caes, te levanto. Si tú duermes, yo sueño. Si tú respiras, yo vivo. Si tú mueres, yo te acompaño."

Sin embargo, en algún momento Jen apuesta por un tipo de sentimiento que considera más firme y duradero, la amistad. Y afirma: "El más importante amor, el más valioso y más eterno es la amistad." Y lo es porque no espera nada a cambio y no persigue la homogeneización con el otro ni implica el anhelo sexual. Por eso señala: "La verdadera amistad es imperfecta, fastidiosa, pesada como nosotros mismos y solo tiene como premio o satisfacción la correspondencia de sentimientos." O sea, que distinto al amor, la amistad solo espera que el otro sienta una necesidad parecida de empatía y solidaridad.

Otro motivo esencial, que no puede ser separado del conocimiento y del amor es la fe. Es esta una orientación interior que nos dirige, nos consolida, nos permite soportar embates contrarios y no dejar de amar la existencia. Por eso Jen afirma en algún momento: "Mientras más grande y afianzada esté nuestra fe, más fortaleza tendrá el hombre para soportar cualquier embate de la vida."

Así mismo la escritora reflexiona en torno a la razón. Es una herramienta importante para decidir y determinar nuestra existencia.

Pero ¿es solo la razón las que nos puede llevar adelante? Y considera que detrás de la razón y el juicio hay algo más decisivo que ellos y lo dice con una cita de Amiel: "El hombre se eleva por la inteligencia, pero no es hombre más que por el corazón".

Esta apuesta por las razones del corazón hacen de Jen un alma idealista, enamorada, prendida a un sentimiento inapagable. Es por eso que escribe con una vertiginosa pasión a su amiga: "Quiero tu locura, más cuando cada huella que dejes en la cama pierda calor. Quiero aún ser yo en tu vida, por confidente, por compañía, por hermandad, porque de alguna manera irracional tal vez, estamos unidas." Esa referencia a lo irracional no debe asustarnos. No es más que un indicativo de lo consciente que está Jen de que la razón sola no dicta nuestra vida. Eso otro que al parecer no tiene lógica o sentido, lo tiene solo que de otra forma: en la posibilidad de ser infinitamente humanos y arriesgarse por cumplirlo sin ataduras.

Epistolario íntimo es un libro de alta poesía, esa que nos enfrenta con el yo y nuestro yo alternativo, el ser amado. Un rosario de juicios sobre la manera en que uno puede asumir y emprender la vida desde la experiencia interiorizada y valorada para no desperdiciar nuestros días en atajos que no llevan a ninguna parte, sino, como dice la autora hacia el final, poder salvar, "...lo bueno que nos queda por vivir y a la fortaleza de que estaremos juntos en lo malo que nos quede por vivir." Porque después de todo, cuanto hemos hecho y hagamos solo sirve si nos ayuda a vivir, o sea, a cumplir a plenitud nuestras facultades, ideas y anhelos.

Manuel García Verdecia,
En Holguín, 2 al 9 de enero de 2023.

<u>NOTA DE LA EDITORIAL:</u>

Este libro es uno de los libros más enriquecedores que he leído en mi larga vida, es una enciclopedia de conocimientos estéticos y filosóficos que sin dudas lo sitúan en un lugar destacado entre los libros de epístolas. Las cartas son el fruto de una amistad excepcional entre cuatro amigos. La poeta Yenisley Brito León escribe desde el presente a dos amigos del pasado, entre ellos Lynn, la musa amada, quién se convierte en una luz, redentora de añoranzas. Hay en estas cartas un lenguaje poético y reflexivo donde trasciende fronteras el alma humana expuesta de la forma más hermosa imaginada. Donde el dolor deja de serlo para convertirse en amor incondicional y mostrar la belleza y sabiduría que se alcanza en ese acto. Así lo expresa en varios fragmentos: **"Esa prueba nos ha unido para ser bastón unos de otros, refugio en las tempestades y así seguirá siendo hasta el fin de todos y de nuestros tiempos sobre la tierra. Mientras uno de nosotros respire, estará desde su posición protegiendo y sosteniendo al otro. Aún en la distancia nunca estaremos solos. Si no en cuerpo, estaremos en alma. Es mi verdad, aunque no parezca insólita."**

Hermano Oso:

Una vez me borroneaste esta reflexión, uno de esos pocos momentos de grandeza tuya ¡! Desde entonces la he llevado a todas partes conmigo, hoy te la presto.

Los mejores maestros de vida son los errores y los fracasos: quedarse sin dinero, quedarse sin poder, ver morir a los seres queridos, que te rompan el corazón... cuando se sobrevive a esas cosas, se aprende a vivir sin desperdiciar un minuto.

Vive así, pero cuidándote porque aunque de manera insignificante hay quien aún te necesita y quiere. No dejes que el dolor te vuelva más hijo de puta de lo normal. Eso no hace juego con el bello espíritu que llevas contigo a todos lados.

El destino es algo impredecible y a veces torcido. Hoy solo quedamos nosotros y ustedes. El resto cayó ante tantas cosas, el poder, la traición, la envidia, las familias anheladas o prestadas, el capricho o la obsesión.

De alguna diabólica manera los más incompatibles como tú y yo, aún estamos aquí. Aún soy tu amiga y sólo me reprocho no haber estado más para ti, aunque mi ausencia haya sido por fuerza mayor. Y si de mí depende jamás estarás sólo.

Te amo mucho, hermano Urso, y ni aunque te enfades por una palabra tan grande, voy a dejar de decírtelo. Ojalá algún día logres creerme, porque el amor profundo no tiene que ver con la atracción sexual.

El más importante amor, el más valioso y más eterno es la amistad. Sé que eso siempre estará entre ustedes, entre nosotros. Entre todos. Porque eso es lo que nos hace indisolubles.

La amistad como amistad, como sentimiento, como valor exclusivo. No cómo agradecimiento ante la vida salvada, no cómo algo necesario profesionalmente para ser unidad indestructible, no como admiración, respeto o cobijo. La amistad que lleva disgusto, a veces mentiras, a veces frases hirientes, lágrimas, dolor, rabia, pero que a pesar de todo eso no pierde la fe en el otro, ni el cariño, ni el desvelo, ni los buenos deseos, ni el deseo del abrazo, del reposo en el pecho u hombro contrario, ni la lealtad, ni el amor. La verdadera amistad es imperfecta, fastidiosa, pesada como nosotros mismos y solo tiene como premio o satisfacción la correspondencia de sentimientos.

Esa es la amistad que yo les profeso a ti, a Alma, a mi esposo Poe. Hoy soy yo quien reconozco que en esta vida no sólo yo te he dado alguna lección, tú también lo has hecho... y me despido con otra cita tuya.

El matrimonio es un falso templo a la monogamia, pero la amistad y la compenetración sincera entre las personas construyen familias, dinastías y hasta imperios.

Un abrazo, te extraño.

Jen

Hermana de mi Alma:

Cierra los ojos, hoy vamos a la playa. El mar color cielo, resplandece y proyecta un juego de luces que entrelazan al sol con el brillo de tus ojos.

Vistes de blanco. El vestido a ras del suelo vuela con cada giro que das. Mientras en la arena quedan tus huellas. Esas que dejas también en mi corazón.

Ríes tan radiante que lloro y retrato tu figura, bañada de mar, sol y arena.

- Jen despierta, esa no soy yo.

- Lynn, duerme y sueña. Eres la verdadera. Yo te he visto.

Puedes esconderla entre armas y pólvora. Puedes congelarla y silenciarla. Puedes herir y ensombrecer. Puedes ser lujuriosa. Puedes ser distante y aparentar nula vocación maternal. Pero hermana, ante tu alma, no me puedes engañar.

De tus lágrimas he tejido risas. De tu silencio, armonía. De tu oscuridad, luz. De tus sobresaltos, calma. Contigo hasta el día más gris, tiene color. Sin ti el más soleado, parece una tormenta eterna.

Eres yo. Soy tú. Somos una. Si tú sufres, yo te abrigo. Si tú caes, te levanto. Si tú duermes, yo sueño. Si tú respiras, yo vivo. Si tú mueres, yo te acompaño.

Jen

Luz del alma:

¿Cómo estás? Honestamente. El desconocimiento no evita la preocupación, al contrario la aumenta.

Nuestro cómplice Khalil Gibran escribió: *"La fe es un conocimiento dentro del corazón, más allá del alcance de la prueba."*

¿Qué es la fe, hermana mayor? Conocimiento es: entendimiento, inteligencia, razón natural. Entonces, ¿la fe es la razón natural que habita en nuestro corazón? La fe nace de lo espiritual y la espiritualidad condiciona los sentimientos. ¿Todo ser humano tiene fe? Yo creo que sí, aunque la fe está depositada en ese algo que refleja nuestra razón. Fe a la vida, fe en nuestro intelecto, en nuestra propia capacidad, en Mahoma, en Buda, Alá, en Dios. Mientras más grande y afianzada esté nuestra fe, más fortaleza tendrá el hombre para soportar cualquier embate de la vida.

Mi fe, Dios, que me sostiene aun cuando sienta que me ha dado la espalda, que todo se dificulta, que me asfixia más y más. Fe que ruego no perder, o perderé ese rayo de luz tenue que impide que mi corazón se oscurezca, mi alma se amargue y deje de ser espíritu para solo ser materia hueca.

"La sabiduría deja de ser sabiduría cuando se vuelve demasiado orgullosa para llorar, demasiado grave para reír, y demasiado egoísta para buscar otra que no sea ella misma."

Con el debido respeto a quien lo merezca, al leer a Siddhartha, recomendación que se hizo con el propósito de que conociera y comprendiera el budismo, incluso que quedara de alguna manera seducida al menos a lo básico de su filosofía. Te confieso que quedé con tantos cuestionamientos que si antes no me atraía, desde ese momento quedé convencida de que no tenía mi aprobación.

Un hombre con tanta sapiencia, capaz de llegar a convertirse en un súper humano, dominando con la mente todo dolor, toda reacción y deseo con el objetivo de lograr un fin superior. Un robot con toda una enciclopedia de testimonios de vida, con una moraleja previsora y acertada para cada decisión a tomar. Un disco duro en un cuerpo humano capaz de vencer barreras, precisamente por la carencia de los afectos o sentimientos.

Para qué tener tanto intelecto si sólo soy capaz de ver la rosa, cuidarme de las espinas y extraer el perfume, sin deleitarme de la aroma.

En el dolor o desde él, surgen las más grandes historias de vida. En o desde él aprendemos lo verdaderamente apreciable. La felicidad en su mayor expresión nos recuerda que todo pasa y que hay que prepararse para lo próximo, pero que no podemos renunciar a esa alegría, ni siquiera en las tinieblas, porque una imagen de la sonrisa del ser más amado nos levanta e ilumina, para si no podemos vencer, perder con honor y heroísmo.

El pecado más común del hombre inteligente, es la arrogancia y la autosuficiencia. Lo suben tan alto que llega, desde el desprecio, a subestimar hasta los más silenciosos y aparentemente indefensos enemigos; derrumbándose en la derrota. El sabio escucha, aprende y sorprende. Pues como dice Sócrates "solo sé que no sé nada"

Jen

Hermana:

René Descartes expuso: *"La razón o el juicio es la única cosa que nos hace hombres y nos distingue de los animales."*

¿Qué se puede entender por razón o juicio?

Razón: es la facultad del ser humano de pensar, reflexionar para llegar a una conclusión o formar juicios de una determinada situación o cosa. Asimismo, es la causa determinante de una persona y de un hecho.

Juicio: es la facultad por la que el ser humano puede distinguir el bien del mal y lo verdadero de lo falso. Cordura o sensatez.

Visto así debiéramos agradecerle al cielo la magnífica gracia con la que nos dotó. Pero, ¿debiéramos guiarnos siempre por nuestra razón y nuestro juicio? Nuestra razón y nuestro juicio acaso no están determinados por nuestra ética o valores personales. Si fuera así, mi razón que podría no ser la tuya, tendría igual fuerza. Pues estarían argumentadas por aquello en lo que creemos o nos educamos. ¿Qué podría hacer la diferencia? ¿La correcta selección entre lo bueno y lo malo? ¿Quién define lo bueno y lo malo?

¿Era el hombre prehistórico acaso más salvaje que el hombre moderno?

Cuantas veces hacemos un juicio de alguien, una conclusión por lo que hemos visto de la misma, por un perfil o sus actos. Cuántas veces nos equivocamos para bien o para mal. Porque detrás de un juicio o de la razón siempre hay algo más que la lógica.

O mejor decirlo con Henry Amiel, el escritor suizo: *"El hombre se eleva por la inteligencia, pero no es hombre más que por el corazón".*

Cuánta admiración ante una persona inteligente, capaz. Que deleite es una conversación llena de sapiencias. Hoy aún más, que el hombre parece estar rodeado de tantos "conocimientos" que apenas sabe lo básico. La inteligencia abre las puertas al futuro profesional y competitivo. Si yo supiera... hubiera estado ganando tanto dinero, una vida tan cómoda, aunque ocupada.

Pero un hombre inteligente ¿acaso es siempre sabio? Razonamiento lógico: el verdadero ser inteligente es capaz de aprender de todo lo que lo rodea y por ende puede convertirse en una persona sabia. Ser sabio podría ser aprender de la vida y de los sentimientos. Ser inteligente podría ser impregnar todo el conocimiento catedrático y ser un brillante ingeniero, arquitecto, médico...

El corazón, los sentimientos. ¿Qué nos dan, qué nos quitan? Creo que más lo segundo que lo primero. ¿Qué es la inteligencia sin bondad? Pero ¿quién quiere escuchar hablar de los sentimientos, del corazón? Puro melodrama cursi y trillado, que sólo nos hace vulnerables. Nos lleva incluso a perder más que a ganar. Hasta en la filosofía, los sentimientos se clasificaban en el llamado idealismo. Y ser idealista es prácticamente un fracaso en este mundo tan voraz.

Jen

Hermana de mi alma:

"Nunca se irá del todo, no mientras haya alguien quien le guarde lealtad"
Harry Potter

Por encima del amor, está la amistad. La amistad perdura en el tiempo porque la acompaña la lealtad, la paciencia y la complicidad. Al amor físico, la pasión y el deseo. La amistad y el amor no obstante están de la mano, cuando es verdadero amor. Cumplo mi promesa de por siempre regalarte mi amorosa amistad.

Porque aún creo en nuestra amistad y en su fortaleza, tal como tú sentiste en el pasado al decir que *nuestra amistad crecía como la primera línea del mar donde rompe la ola.*

No puedes pedirme que te espere, pero esperarte no es siquiera una opción de la razón. Por ello, contra toda lógica, contra toda profecía: <u>mi corazón te espera</u>.

Los ríos más profundos son siempre los más silenciosos. La frase es de Quintus Curtius Rufus, un romano. En silencio te llevaré, en silencio estará tu mundo, en silencio morirá en lo eterno, interrumpida por la mortalidad del cuerpo. En silencio la vida, sólo si tú quieres.

¿Crees en el destino, hermana?

Yo no.

Será cierto eso de que lo que va a suceder, sucederá, que solo pierde quien deja de intentarlo. Sólo la voluntad puede cambiar lo supuestamente escrito. Somos nosotros y nadie más quien escribimos en reglones rectos o torcidos. Están los factores externos, están los errores, está la pérdida del tiempo y las oportunidades. Pero ¿qué haces cuando fracasas en una misión verdaderamente importante? ¿Te rindes, dejas que otra persona la ejecute con éxito; o te replanteas todo y lo vuelves a intentar? Antes con certeza podía apostar por cuál iba a ser tu respuesta, hoy no me atrevería. Porque detrás de la voluntad y el empeño, incluso detrás de la fe, debe existir un *"algo"* que sólo tú sabes si existe o no.

La muerte siempre es vencida al fin por la esperanza.

LECHUZA, LINTERNA, LOCURA

Jen

Hermana…

Si pudiera regalarte algo para que guardaras en esa cajita llena de cosas aparentemente insignificantes, pero llena de valor personal, que solías llevar. Te regalaría un pequeño frasco de cristal con mis lágrimas, Lord Byron dijo que *la prueba de un afecto puro es una lágrima.* Yo te diría que han salido del lugar más puro de mi alma, ese que está libre de toda miseria humana.

Jen.

Querida hermana:

Ingmar Bergman expresó que *"La vida es una ininterrumpida e intermitente sucesión de problemas que sólo se agotan con la muerte".*

Morir entonces y descansar en paz, en otra vida o convertidos en polvo. Eso sería claudicar. Un acto de cobardía, porque el cansancio, aunque humano, es el punto inicial que hace la diferencia entre la debilidad, el martirio o la locura. Los problemas te hacen mostrar tu capacidad de resistencia, que no es la mayoría de las veces masoquismo. Los más eruditos señalan que las dificultades nos hacen crecer. Explotan al máximo nuestro intelecto buscando las posibles soluciones. Hasta que nos hincan de rodillas pidiendo los milagros no encontrados por la voluntad o el conocimiento.

O mejor, a la manera de Joseph Conrad: *"Enfrentarse, siempre enfrentarse, es el modo de resolver el problema. ¡Enfrentarse a él!"* O te enfrentas o pereces. Hasta los más cobardes, al menos intentan una vez, enfrentarse. Es más una respuesta prediseñada en nuestro inconsciente, que una libre decisión.

Sé que no gustas de Ghandi, pero: *"Nuestra recompensa se encuentra en el esfuerzo y no en el resultado. Un esfuerzo total es una victoria completa."* Si has hecho todo lo posible, si te has esforzado al máximo, puedes estar tranquilo.

Esforzarse, ¿acaso no nacemos del esfuerzo que hacen nuestras madres al traernos al mundo? Lleva esfuerzo aprender a caminar y a correr. Lleva esfuerzo estudiar, graduarnos, emprender un trabajo con éxito, tener un negocio rentable, educar a nuestros hijos. La vida es un puto esfuerzo. El resultado es el premio a nuestra resistencia, o el cebo a creer que valió la pena y de esa manera seguir esforzándonos. Pero si has hecho todo lo posible, ¿se puede descansar con la conciencia tranquila? Vaya premio de consolación para mitigar la frustración ante el fracaso, por no haber obtenido resultados de tanto esfuerzo y empeño invertido.

"El hombre se descubre cuando se mide con un obstáculo", dijo nuestro Saint-Exupery. La forma de resolver los problemas deja bien clara nuestra forma de ser y de entender la vida.

El hombre de la antigüedad ponía esa actitud positiva, en un sacrificio a los dioses, casi siempre complacientes y a veces misericordiosos. Venció cada uno de los obstáculos y se hizo grande y fuerte. Ciertamente comenzó a crecer y a escribir la historia, que no es más que aprender a vivir la vida. El más optimista, paciente y decidido, venció. El que quedó atrapado ante la duda o el miedo, pereció. Y sí, al tibio Dios lo escupirá, porque en la vida eres frío o caliente, de derecha o izquierda, conservador o revolucionario, con Dios o con el Diablo.

Optimista, sin dejar de ser realista y aunque todo vaya cayéndose a tu alrededor. Optimismo, bastón creado para no caer aun cuando todo parezca perdido.

Federico García Lorca, el poeta granadino, sentenció: *"El más terrible de los sentimientos es el sentimiento de tener la esperanza perdida".*

¿Los sentimientos forman parte de la razón humana o de ese horroroso músculo llamado corazón? ¿Que nos da la esperanza? Un anhelo, un motivo para cada despertar. Un proyecto, una consigna. El trueque de una sonrisa por una lágrima. Una hora con propósito. Una vida sin vacío aparente.

"El que vive de esperanzas corre el riesgo de morirse de hambre" apuntó el práctico Benjamín Franklin. ¿Y cuál es el riesgo de quien no vive con esperanzas? Mucho pan y poco espíritu. Muchas monedas y poca luz del interior al exterior.

Falso es que *la esperanza es lo último que se pierde.* En realidad "la esperanza es lo primero que se gana cuando todo está perdido"

"Por muy larga que sea la tormenta, el sol siempre vuelve a brillar entre las nubes" Claro, es también el aporte de nuestro Khalil Gibran.

Pero por sobre todas, recuerda siempre esta proposición, tal vez menos profunda y más cursi, pero total y concluyente: *"Un amigo es uno que lo sabe todo de ti y a pesar de ello te quiere."*

Solo el testimonio de una vida de lealtad, de espera con paciencia, responde toda frase. Él es mi tranquilidad y la huella a mi dolor o mi alegría. El esfuerzo ante los problemas y la esperanza ganada en lo perdido. Mi paz de soles en la tormenta.

Con cariño

Jen

Alma:

En estos días no ha dejado de pensar en ti, en las muchas ganas que tengo de abrazarte, en todas las cosas que quiero hablar contigo y que llegado el momento tal vez sea el silencio el que me domine.

En medio de mi depresión ante tu ausencia, Urso me mandó unos escritos tuyos, sueltos que había encontrado, en una parte anotabas que *"En la vida no se corre hacia la felicidad, sino que la felicidad llega como retribución"* Debo haber hecho algo muy bueno para ser retribuida.

Estoy un poco nostálgica...

Te quiero y mi corazón

Tú hermana

Jen

Mi fastidioso hermano:

En tu último correo estando en la isla escribiste: *Yo no sé frases "salomónicas" ni cuentos bíblicos, pero creo que nuestra historia está mejor que todas las que leí. Y cuando le digo a alguien **soy tu amigo,** es la mejor frase que puedo decir. Hasta los padres y los hijos y los esposos, si no son nuestros aliados en las buenas y en las malas, no tienen tanta relevancia en la vida que vivimos. Nada vale más que un verdadero amigo. Nosotros tres* (hablabas entonces de mi esposo, de ti y de mí) *lo somos.*

¿Qué decirte? Solo tu amistad me ha hecho mejor persona, me ha hecho reír y llorar, ha marcado la diferencia en momentos difíciles y cruciales. Tu amistad, por compleja que se torna en ocasiones, complementa quien soy y ciertamente nuestra historia es la mejor, porque es auténtica y por ella vale todo.

Cuando los problemas en este infierno se tornaron serios, me escribiste que *los mejores maestros de vida son los errores y los fracasos: quedarse sin dinero, quedarse sin poder, ver morir a los seres queridos, que te rompan el corazón... cuando se sobrevive a esas cosas, se aprende a vivir sin desperdiciar un minuto.*

De esto puedo decirte que nunca he tenido dinero, así que estoy acostumbrada a estar sin él. Perder el poder tiene sus ventajas, aunque como todo vicio cuesta su desintoxicación. Los fracasos amorosos o sus desilusiones a veces nos hacen más maduros, creo que a veces incluso es una parte del crecimiento natural. Ver morir a los seres queridos, eso sí es insuperable, no obstante cuando forma parte de la lógica cadena evolutiva conlleva a la resignación o a la sustitución de ese dolor por el de un nacimiento.

Pero estar en el mismo borde de perderte, es algo a veces insuperable, sobre todo porque vivir sin desperdiciar un minuto, sería correr hacia ti, darte finalmente ese abrazo, que aún y cuando mi cuerpo sea frágil, todas las fuerzas explicables o no se unificarían en él. Sería acompañarte a la guitarra y cantar a dos voces *La gota de rocío.* Sería sentarnos a contemplar a tu princesa, tu hija y la de una musa. Serían tantas cosas. Sería incluso llevarte la contraria y verte intentar meterme el pie.

Por todo ello necesito que te quedes en este mundo tan pobre y escaso de amor, con personitas tal vez insignificantes, pero que te quieren a tamaño de mundo.

Necesito tanto que dejes de ser una ilusión que jode bastante y te conviertas en algo de carne y hueso que siga jodiendo bastante.

Como tú mismo escribiste, no hay nadie en este mundo sin preocupaciones ni problemas, acuérdate que la desdicha también es una creencia y los pesimistas no se dan cuenta de los pedacitos de felicidad a su alrededor. Más desde el optimismo sueño con la felicidad que brota desde tu sonrisa.

Recuerda que tú mismo dijiste que no ibas a dejar de joder, porque jodernos a nosotros es un arte que no se le da a todo el mundo.

Te quiero con todas mis fuerzas

Ponte bien y pronto

Tú hermana

Jen

Alma mía:

Deseo que pases un lindo día mañana. Espero que mi regalo pueda hacerte feliz.

REGALO.

La pieza no se termina
con el silencio del piano
en tu cintura mi mano
se enreda, crece y germina.
Cubrí la rosa y la espina
en tu seno con un broche
como un amor sin reproche
tras tus pasos de cristal.
Hoy soy tu estatua de sal
en el baile de la noche.
Jen

Hermano oso:

La carta, más que la alegría que debió darme, ha traído consigo una nostalgia; parece una rara despedida.

Desde la distancia salomónica, me hace muy feliz que estés un poco mejor. Yo no sueño con serpientes, ni siquiera con una noche de verano, sólo espero que al final podamos encontrarnos todos, como amigos. Al diablo lo demás. Sin romanticismo te respondería, que desde mi media juventud, he elegido soportarte, atormentar a los dioses y cargar con el "pequeño estrés" que da tu afecto; hablo en plural, porque esa verdad nos incluye a mi esposo y a mí.

En medio de la zozobra, desde mi silencio, pues no hay respuesta, desde la incapacidad de posiciones en la que estamos, afirmo que solo una cosa puedo brindarte y es mi incondicional amistad, el regalo de conciencia de que estoy aquí, aunque sea para hablar de música, fútbol, compartir angustias o preocupaciones mutuas. Bendita mi vida si estás tú.

Tu amistad es más que un reconocimiento, es el reflejo de que se puede ser humilde y reconocer que somos a veces mierda, pero como tú mismo dijeras, rectificar es necesario y sano; es el recuerdo de la ira vencida por la conciencia, la constancia, el dolor, y el amor; es la prueba diaria al optimismo, a la perseverancia; es la realidad equilibrada de que como mortales, tú, ni escondido detrás de una ventana eres tan *odiador*; eres la expresión necesaria a cosas tan profundas como la música; eres el rosario de pequeñas confesiones; eres esa primera luz en la oscuridad.

Cuídate, mortal, adondequiera que vayas al salir del mundo.

Besos y que Dios vaya contigo.

Hasta ahorita

Jen

Alma y musa:

Ya se hizo la luz

Me has hecho sonreír a dos mundos, entre mejillas sonrosadas. Me encanta la libertad que tal vez te ha provocado el Chianti.

Espero con todo la Fe posible nuestro encuentro. De una o muchas maneras ya hemos cambiado, ya no somos las mismas de antes. Ciertamente tu amistad y amor me han hechizado de tal manera, que he encontrado matices en todo mi mundo blanco o negro.

Siento que se terminan las palabras. La poesía se desvanece en mi pecho. Casi soy capaz de tocarte al cerrar mis ojos. ¿Qué nos queda? Mucho ¿Qué nos falta? Todo

Nos encontraremos porque ya has cambiado mi vida, porque yo te espero.

Jen.

Musa mía:

Ciertamente los días sin ti, son más que hilos de sombras tejidos lentamente. Pero tienes que despertar y luchar para que puedas disfrutar de cada brizna de tiempo lleno de amor que tengo para darte.

He soñado que estábamos tomadas de la mano, descalzas sobre la arena y de frente al mar. Este mar tiene un brillo único y está dado por el reflejo del cielo. De mi cielo, que eres tú.

El agua está fría, siéntela. La temperatura se cuela por todos mis huesos, típico de esta friolenta sin solución. Pero tu cuerpo está cálido, me abrazas y haces desaparecer el invierno.

Como quisiera que tú sintieras corazón mío, que eres la mujer más amada de este mundo egoísta.

En una sala acogedora sentadas en un cómodo sofá. Tu cabeza descansa en mis piernas y te acarició tu sedoso pelo. Poe lee un poema. Urso toca en la guitarra *El breve espacio en que no estás* y yo a pesar de sus ojos burlones por determinada desafinación, intervengo de vez en vez.

Imagina a Urso y mí enseñándote a bailar salsa. Urso cansándose con cierta rapidez, los años no pasan por gusto.

Te amo y corazón.

Levanta ese ánimo, pues cuando tus ojos se abran mañana, tendrás a tú amado Urso para ti, y sin dudas mi ángel de la guarda que está contigo desde el primer día.

Un abrazo y me quedo contigo.

Jen

Urso de ella, de la princesa y mío:

Si te soy honesta, siempre me he creído no merecer las confesiones de ella. Su inteligencia está más allá de mi capacidad, y estoy segura que mi limitada interpretación a sus metafóricas palabras, no ha podido llegar ni a la cuarta parte de todo lo que expresa en su narración. Por ende nunca me he creído que mis simples mensajes repletos de citas, carentes de recursos narrativos, tan naturales en sus líneas, la hayan podido ayudar o hacer reflexionar.

Leerla siempre es algo triste, vibrante y a veces un poco aterrador. *Suele ser violenta y tierna/ no habla de uniones eternas/ más se entrega cual si hubiera/ solo un día...* Muchos dirán, si leen sus escritos, que está loca. Esa es la justificación más cobarde para no reconocer que su inteligencia nos rebasa, por eso la incomprendemos.

De oficios, actitudes, opciones, que llegan a darnos de manera profesional y personal satisfacción, que nos esclavizan, en mayor o menor medida pudiéramos conversar, ¿qué digo?, ¿conversar?, alguien cortado con la tijera de tu uniforme, alguien con miedo a dejarse amar después de haber visto o hecho tanto mal, alguien que lucha a su manera contra el egoísmo del poder. Creo que solo debiéramos lamentarnos de nuestra voluntaria opción y antes de que la vida nos destroce, romper con galones y autoridad.

Eso le diría a ella, a ella a quien extraño, de quien cada palabra dispersa ha sido un aliciente, no tan grande como el del abrazo, pero rebasa la nada, esa que a todos según nuestro acercamiento, nuestro grado de familiaridad afecta como navajazos en la piel. A ti no sé si te ofenda.

Quiero soñar que parte de estas líneas son una fantasía repetida de nuestra corta realidad, pues no quiero resignarme a otra desilusión. Tú no estarás mañana, pero ella sí. No, no voy a compadecerme, porque tú lo único que no me perdonarás, será mi lástima. Con tu crudeza habitual dirías que hay que seguir viviendo.

La entiendo. El amor cuando no llega, cuando solo está en el sueño y en el deseo materializado por la propia imaginación, es como otra muerte ante la impotencia y la injusticia de la realidad. Por eso *la prefiero compartida/ antes que vaciar mi vida.* Porque solo muere lo que dejamos morir. Mientras estemos, aunque insuficientes, el alma no deja morir el amor y viceversa, pues es el amor lo que llena esa alma.

Nuestras vidas novelescas, aunque sin género definido, son un ejemplo de lo extraño que Dios (si te gusta más, la Vida) ha torcido las mismas, nos ha entrelazado y somos como la alianza que cada uno de nosotros lleva en nuestros dedos, de principio a fin, unidos. El principio fue difícil, bohemio, pero se ha forjado en el sufrimiento, la decepción, la traición, la malicia, que nos ha envuelto y donde hemos sobrevivido, lo repito, por el amor, que es amistad, que va más allá de la misma incluso, con limpieza y sin dobleces, mi querido amigo, guajiro, acomplejado y machista. Esa prueba nos ha unido para ser bastón unos de otros, refugio en las tempestades y así seguirá siendo hasta el fin de todos y de nuestros tiempos sobre la tierra.

Mientras uno de nosotros respire, estará desde su posición protegiendo y sosteniendo al otro. Aún en la distancia nunca esteremos solos. Si no en cuerpo, estaremos en alma. Es mi verdad, aunque no parezca insólita.

No sé qué esperabas leer, no sé si entendimos algo, no sé…, pero una brisa en medio de tanta dolencia es como recibir oxígeno en una pecera. Trato con mi voz de que resistas, que sobrevivas, que no nos odies.

Como siempre me llevas ventaja, sabes que pienso que siento, sabes de mi lealtad, de mi cariño, más yo aún espero poder saber que hay en ti, antes que anochezca.

Esta tal vez sea la última vez.

Te quiero y amo, fastidio, como siempre.

Jen

Musa:

Cuando el alma llora.

Cuando la desesperación te atormenta.

El cuerpo se embriaga y el alcohol hace que alucinemos.

Mi fantasía, estás aquí. Mi realidad, cada vez estás más lejos.

Entonces río, lloro y quedan las expresiones más sinceras, las poses más mías. La embriaguez saca la auténtica *yo*.

Esa que es solo tuya, aunque tú aún no comprendas cuanto te amo y cuan tuya soy y seré.

Jen

Día de Crisis:

Hoy es uno de esos días que el deseo se desborda por todo mí ser de manera irracional. Será por ello que dicen que el amor es de locos. Los locos no saben comportarse, no tienen límites a la hora de materializar sus ideas. El amor te deja igual de insensata y toda la prudencia advertida por el cerebro, se desecha.

Esta frase no. Esa expresión me muestra vulnerable, y eso no te ha de gustar. Esa imagen me hace ver desesperada, insegura, y eso no es lo que admiras de una persona.

La razón nos ubica tanto en el tiempo y en el espacio que diseña un yo para otros y no de uno propio.

En esos momentos en que mi cuerpo grita por un abrazo desesperado, por una mirada, por una oración, por una desnudez de alma. Esos momentos en que la ansiedad se apodera de mí, como único sentimiento real. Deseas entonces ser china, ser budista, ser taoísta, ser todas esas posturas, corrientes capaces de reprimir o "redistribuir" los deseos, las pasiones, los sentimientos, para convertirnos en seres más fuertes, más centrados, más de apariencias, menos humanos, menos sinceros, menos vulnerables, menos uno.

Hay días en que los sueños se alejan tanto que dejas de visualizar la esperanza en ellos. Queda entonces la fe.

Yo no lo he visto, he sentido, he sentido a Dios en mi corazón, lo he sentido sosteniéndome un montón de veces, lo he sentido poner calma donde sólo hay odio, ira. Qué loca ella, dirán los más eruditos, los más prácticos. No vale la pena replicar eso.

Es cuestión de fe, pero en esa fe mía, en esa confianza plena hay un sentimiento correspondido y por más que mi vida no vaya por los caminos escritos por "Dios", por más que mis acciones apunten a un infierno humano o divino, lo único que no podré hacer es renegar la existencia y la compañía de mi Dios.

Entonces ¿la fe no es de una sola parte? ¿La fe necesita alimentarse de la confianza? ¿Y cómo alimentar la confianza?

La poetisa, en su caudal infinito de letras, sólo quema mi alma con ese *¿qué será este esperar sin esperanzas?*

Entonces me pregunto ¿es tan decepcionante mostrar toda esta debilidad, todo este miedo, toda esta inseguridad? ¿Es tanto pedir una prueba de fe? Acaso mostrar esta parte sincera de lo que soy, de lo que sufro, ¿me aleja de ti?

No soy una fortaleza aunque trate de no quebrarme, a pesar de cada ataque de la vida y mis semejantes. No soy alegría sin lágrimas, no soy pasión sin amor, no soy esperanza sin temor, no soy confianza sin fe, no hay fe sin calor de dos.

Vivo sin vivir en mí y tan alta vida espero que muero porque no muero...

Sálvame de la distancia, de la ausencia, de lo imposible, del deseo sin corazón, del miedo a perderte, a la muerte sin tenerte, a la vida sin poseerte.

Tómame con cariño, posa tu mano en mi pecho y siénteme, besa mi frente con la tuya, mira mis ojos y entenderás, déjame reposar a tu lado y descubre qué es amar.

Para el deseo, el desenfreno, la lujuria hay más días que vida. Y la vida sostenida sólo en esa pasión es un soplo, un torbellino que llega y también se va.

Quiero tu locura, más cuando cada huella que dejes en la cama pierda calor. Quiero aún ser yo en tu vida, por confidente, por compañía, por hermandad, porque de alguna manera irracional tal vez, estamos unidas.

Esa soy yo, ¿aún me quieres?

Musa de malvada influencia, tu zorra espera inquieta cada segundo tu encuentro, tu rosa necesita un poco de sol, necesita que podes los baobabs, necesito lo invisible, visible ante mis ojos.

Jen

Novia mía y de la soledad:

Te extraño. Navego entre el tiempo, la distancia y el silencio. Navego entre tus senos y caigo en la cascada prohibida y seca ante mi ausencia, tal vez. Subo la montaña empinada y suave que me permite recorrer tu espalda y morir en tu fragante cuello donde me pierdo.

Yo no sé cuánto me quieres, si me extrañas... sólo sé que vi llover, vi gente correr y no estabas tú

Despierto, llueve y la musa se ha ido. Solo las horas, los rezos, los partes y la diplomática comunicación con alguien que fue necesario y único. Las últimas palabras, con desconfianza y resentimiento. Todo lo que podemos ser o esconder detrás de un vocablo bien pensado y sin sentido. Ya él no está y no tengo pruebas de una desgarradura hasta la raíz. Aunque las tuviera no podría pronunciarlas. Los oídos, la mayoría de las veces, son sordos por conveniencia, por necesidad, por...Estallo. Mi sangre caliente, erosiona ante la fría, escueta e imprecisa expresión de un recién llegado que no es lo que aparenta, que asegura portar la voz que se nos fue. Recupero el ritmo y sólo porque amo, visto con la más delicada educación. Esbozo una sonrisa, extiendo la mano y contengo los deseos de triturar. Mas no estoy segura si nuestra lealtad se acabó con la última herida. ¿Qué es la lealtad? ¿Dónde comienza? ¿Cuáles son los motivos por los que puede acabar? Un amor, un capricho, el poder, una hija, un moribundo, una vida prestada.

La verdad de la verdad es que nunca es una. Ni la mía, ni la de él ni la tuya. La verdad de la verdad es que no es lo mismo perecer que caer en el abismo de la verdad.

Luego de más de sesenta años, lo nunca visto o vivido. La manifestación eufórica, vulgar, desordenada. Consignas fuertes, pero huecas. Pudo haber sido un éxito, pudo haber sumado a más. El vandalismo aprobado por los pobres de mente, rechazado por los ricos en valores y honestidad, impidió ese triunfo sostenido. No sé en realidad que está sucediendo. No hay internet y aunque pudieran ser ciertas las palabras, no me interesa un solo discurso. Un discurso que por demás, ha sido para la tardía explicación del rosario de apagones, escasez de medicamentos y alimentos y su más acelerada solución. Un presidente que lo más probable dure hasta las próximas elecciones, pues tal vez la sangre no llegue al río. Pero pasará, al menos para mí, como el más cobarde de la historia revolucionaria de Cuba. Un presidente que pide al pueblo afronte lo que a él le toca solucionar, qué decepción. Cuántas lágrimas detrás de esas palabras. Cuántas madres sin dormir, pensando en sus hijos cumpliendo un servicio militar obligatorio y convertidos en tal vez los protagonistas de un combate de pueblo contra pueblo.

¿A qué bando pertenezco? Me preguntó un personaje delincuente de mi barrio. Un tipo de sangre fría y aparentes resentimientos. Un tipo que me mira y no sé exactamente que hay en esa mirada. No me intimida, pero no inspira confianza. Mi amigo, el Padre Oz, me diría que al tibio Dios escupirá. A ninguno, le contesto. Pero no es miedo ni indecisión, es la falta de una verdadera propuesta. No he encontrado en la oposición, en los de San Isidro, un líder real, un verdadero discurso, un proyecto económico. No hay en el gobierno la frescura que los tiempos imponen, no se puede ser continuidad, porque la economía difiere de lo que hemos hecho y cómo lo hemos hecho, porque el barbudo al menos era valiente, porque la juventud de hoy y la generación del período especial no cree, ni vive en los ideales de los jóvenes de los 70 y 80. No pueden vivirlo, porque los 90 fueron el inicio sin fin de la caída de los sueños, esos que no parece que resurjan, porque en esta isla el Ave Fénix quedó sin cenizas, tras tanta oscuridad y mentiras.

Será que la necedad parió conmigo, la necedad de lo que hoy resulta necio. La necedad de asumir al enemigo. La necedad de vivir sin tener precio.

Giro y giro, estoy sola, parece una ilusión infantil. Giro y giro, estoy contigo, parece locura. Entre la sensatez y la pasión hay una lágrima, un correo gastado de tanto releerse a falta de un pincel, una inspiración, una necesidad, una llama, un jardinero o un pequeño príncipe.

En una palangana vieja sembré violetas para ti...con un caracol vacío cogí un lucero para ti...en una botella rota guardé un cocuyo para ti...

Me he visto inmóvil, ardiendo internamente. Helada e inexpresiva. Ante mis ojos el cielo y no me atrevo a ser luna. Si eso pasa, novia del mar, ¿qué harás para romper la inocencia que aún me ata?

Quédate y déjame robarte, quiero perderme en ti, quiero tocarte... quédate

Jen.

Musa y amor mío:

Algo bueno se inicia entonces este mes, tras el dolor. Este mes que lastima con el tiempo cruel, en pausa para los sueños, acelerado ante el reflejo del espejo. Regálame tu rostro, tu mirada, una sonrisa y no harán falta palabras para hacerme feliz. Esta vez tengo más que fe en que todo fluirá.

He escrito tus versos en un papel con tinta oscura. Ahora los veo convertirse lentamente en una rosa negra mientras se consumen al fuego vivo que es imposible apagar dentro de mi alma, porque es eterno.

Por ahora es todo para la chica que estudia quién soy y cómo anda mi alma, esa que también es el *amore mío*, aunque estés lejos de saber qué hay en mi interior, tan grande y tan tuyo.

Jen

Amore mío:

Hoy frente a varios espejos, con realidades que van desde la hostilidad a la pasión. Desde la muerte a la posible vida. Desde la incredulidad a la Fe. Desde lo crudo a lo humano. He visto una puerta de miedo, una de dudas, una de grandes pruebas y una de escape.

Estoy en el medio de una espiral con cada una de esas realidades llamadas espejos o puertas.

No hay adivinos capaces de leer el fin o futuro.

¿Qué tengo entonces?

Solo dos cosas:

Yo y mi posible fortaleza

Y mi amor verdadero por ti.

Todo lo restante dependerá de mí y de la misericordia divina.

Te amo, aunque si hoy estuvieras frente a mí, te amaría de una manera minuciosa, sosegada, profunda. Hoy te desnudaría más con ternura que con lujuria. Hoy te haría el amor.

Jen.

Corazón mío:

Releo un libro nuestro y tus notas. Allí la zorra le explicó... *Debes venir también a la misma hora, así me acostumbraré a esperarte y, mientras más se aproxime la hora de tu llegada, me inquietaré y mi corazón descubrirá la felicidad.*

En este mundo nuestro creado porque el exterior ya no nos satisface, todos los días te escribiré, para que no estés triste y cual amor impaciente, esperes el nuevo amanecer con ansias e ilusión.

Estaré complacida si mis palabras logran robarte una sonrisa. Entonces el desvelo habrá válido el esfuerzo.

Será mi vehemencia testigo de que eres única en el mundo para mí. El tiempo dedicado te hará especial por siempre.

Mi vida, hasta que te encontré, era como un desierto cuyo pozo escondido, no estaba aún visible ante mis ojos.

Tú, conocedora del mundo, sus reyes, sus vanidades, ambiciones y esclavitudes profesionales, tienes ante ti una rosa sin brillo o color especial. Una rosa en un recóndito jardín. Sin más tesoro que una frágil espina. Una rosa que sueña con el encuentro prometido. Que anhela disipar tus vacíos y ser toda para ti.

¿Será?

Jen.

Lechuza, Linterna, Locura:

Lechuza

Los días entre horas, minutos y segundos transcurren como en un reloj defectuoso, con pausas largas que necesitan de un fuerte movimiento para continuar. Las noches menos largas, pues la magia nunca dura mucho. Y noche tras noche, espera la lechuza más que por la luna, por tu silueta. Esa que sólo en sueños puedo tener. El sólo pensamiento de tenerte recostada a mi pecho, rendidos nuestros cuerpos gastados por los años, las enfermedades, la existencia.

Linterna

No hay día que no desespere ante tú ausencia. La tristeza nubla el alma y solo se escuchan suspiros como sinfonía paz. Y yo acariciando tu cabello. Besando tu frente y tus manos, como si la vida fuera solo ese momento más de ternura que de pasión. Desnudas al calor único

Pero sigo con fe y confío en que llegará ese día en que la fogosidad estará por encima de cada abrazo y todo el apetito acumulado comience a desbordarse y solo seamos conscientes del encuentro pero no de las pausas.

Solo muerta dejaré de tener fe y confianza en nuestro encuentro. Mas no demores, no dejes que los obstáculos te venzan, mira que ya queda poca luz en mi mirada.

Locura

Se me han agotado los sustantivos y los verbos. Los poetas y las melodías. Sólo queda mi cuerpo, barro real y presente, y tu imaginación, para hacer con él lo que tus manos y tus labios le apetezcan.

Hoy no te envío un abrazo, porque contigo estoy desde antes y desde siempre.

Jen

Cielo mío:

Tus palabras son como cerillas en la oscuridad, aliento, rocío y amanecer.

No tienes por qué disculparte, es bueno ser humano de vez en vez. Más allá de lo que pueda provocar, nunca dejes de preguntar si algo te inquieta. Si te soy sincera agradecería más ser la persona que despeje tus dudas, a que lo hagas por otras vías.

Los seres humanos no estamos capacitados para olvidar. El perdón es un acto de benevolencia y amor, por qué no. Pero solo eso. Ante la menor debilidad o temor, recordamos, a veces hasta de manera juiciosa. Tal vez por ello le dejamos ese trabajo a Dios.

Yo sigo adelante, con lo mejor del pasado y con la esperanza del futuro.

Amor, amor...antes de comenzar cualquier estudio individual, recuerdo a mi idilio filosófico y a una chica malvada... todo menos dejar de creer en ti.

Mi única ilusión, mi oración y mi fe están en ese encuentro impostergable. Donde digas ahí estaré y ojalá sea pronto, porque mi cuerpo sigue siendo una hoja de ciprés en el vórtice de un huracán de pasiones.

Soy ese lienzo en blanco y por cada pincelada que des descubrirás un destello, una ola, un mar, una sonrisa que te perderá y solo reaparecerás en el brillo de mis ojos chispeantes de ti.

Jen

Mí adorado amor:

Te regalo hoy el tema musical.

Si pudiera pedirte algo, te pidiera que cerraras los ojos y escucharas la música pero desde el corazón. Déjate llevar y atrapar por la melodía.

Ahora estás entrando a una habitación, es muy espaciosa, no hay muebles. El piso es de madera bien pulido. Los ventanales inmensos dejan entrar la brisa del viento que bate las cortinas transparentes permitiendo una claridad natural de excelencia.

Me gusta cómo te queda el blanco y el vestido entallado hasta la cintura cae con soltura y libertad. Tu cabello suelto resalta con esa fragante mariposa blanca, reina de los campos de una olvidada patria.

Te detallo y sonrío con total malicia.

Tus manos en mi cuello, las mías en tus caderas. Mi mano derecha sobre tu espalda te empuja hacia mi cuerpo. Ahora solo déjate llevar por el ritmo por mí.

Un giro y estás de espalda a mí con mis brazos entrelazados a los tuyos te hago marcar el compás mientras disfruto de tu cuello. Y del escote del vestido.

Otro giro y mis labios ya rozan los tuyos. Un beso y no hace falta sinfonía de fondo.

Jen.

LLL:

Otra ola pandémica, otra cepa, nuevas o viejas restricciones, vuelve el caos, la muerte la desesperación. Otro esperar casi eterno sin fin.

Hay una imagen que viene a mi mente con frecuencia. Estoy en la costa norte, desde los arrecifes observó el mar. En mi mano brilla un diminuto y sin estrenar instrumento quirúrgico. La brisa bate mi pelo suelto y oculta a medias mi rostro. El vestido largo y entallado azul matizado en blanco. Me adentro y ni siquiera siento la temperatura del agua. Un hilo en rojo va haciendo un sutil camino a mi paso. Camino sin mirar atrás hasta el desmayo sin ni siquiera desear despertar.

¿Dónde está la diferencia entre el cansancio o la cobardía? ¿Rendirse o pelear contra molinos de viento? ¿Vivir sabiendo que mueres? Estoy en medio de mi cama. Me retuerzo de deseos. Me niego a masturbarme o consolar mi cuerpo con la imagen borrosa de tu cuerpo, con la idea de ti. Anhelo tus labios con la misma urgencia, que la mañana necesita de la aurora para despertar. Tus senos son la imagen más hermosa e impúdica que refrescan mis ojos, como el rocío a la hierba. Tu ausencia la más cruel insatisfacción reflejada en el alma y en el vientre. Estrujo mis sábanas, cierro los ojos, no duermo. Me refugio en la colcha, pasa el frío del exterior al interior. Como diría el poeta "despierto en una erótica caricia/ y sin amanecer me estoy quemando…"

Jen

Ligia, niña princesa que se va:

Y dice una mariposa...
J.M.

Desde el fondo del mar, zarandeada por olas impotentes, luchó contra la potencia del agua y venció. Nació bajo la bendición de la diosa NuWa y la oricha Yemayá. En el amor de un gigante, cuyo corazón brotó justo ante la alegría de su nacimiento y la incertidumbre de hacerla eterna entre sus brazos. Marcada por el destino de un ave que pasa rauda, dejando solo un espíritu. Creció bordando el espacio en un compás de dos tiempos. Creando la sinfonía del amor eterno, al violín de su risa picaresca, al piano de su andar como entre nubes, al arpa de su silencio y a la flauta de la ausencia.

Solo nos abandonó su cuerpo. Ya está en cada amanecer que aparente un vacío. Guiada por la nana de las mariposas jugará con un Pocoyo, y sin saber cómo, me encontraré nuevamente sonriendo por ella.

La vida debe medirse por el cariño y la ternura que nos rodea. Por la felicidad, la complicidad y el milagro de unir almas. Por el poder de derretir la nieve y hacer aparecer el sol. Por la fortaleza de la lucha en cada batalla.

Es por eso que mi princesa vivió más años que la mayoría de las personas que pasan siendo sólo sombras.

El pozo abierto entre corazón y alma tras su partida, nunca se cerrará, pero en el brota un agua viva, convirtiendo el recuerdo en un báculo para no caer.

Gigante de armadura de hierro, no estás sólo. Su espíritu ya está contigo. Siéntelo desde adentro del cielo.

Gracias, princesa por haber estado. Gracias por hacer palpable algo más que la diferencia entre el ayer y el mañana. Entre el viento y la brisa, entre el sol y la luz, entre la noche y las estrellas, entre la fe y la vida, entre la esperanza y el andar. Gracias.

Tu madrina

Jen.

LECHUZA, LINTERNA, LOCURA

Este camino ya nadie lo recorre, excepto el crepúsculo.
Haiku

Alma mía:

Los meses sin ti son ventiscas directas al corazón, aún cálido por la tenue luz de una ilusión, una pasión, un dolor.

Se me hace irresistible escribirle, hermana amada. En el pensamiento está la bella intención de unas palabras felices, que ahuyenten por unos minutos el trabajo, la guerra, el mundo de hoy. Pero mi mente, que no comprende al ser humano cercano, analiza una y otra vez el pasado. Para de la manera más justa y honesta dejarlo ir. No sin huellas, porque las huellas según se guarden, nos provocan lágrimas o sonrisas.

Será porque *"todos somos prisioneros, pero algunos de nosotros están en celdas con ventanas y otros no"*

"Si de verdad debes ser sincero, sé sincero y hermoso"

La muerte no cambia la historia de vida. Sólo un hombre hipócrita, reconsidera opiniones ante la misma. La muerte puede tocar fibras pero no corazones. Nos definen tantas cosas racionales, que muy pocas veces la muerte nos transforma en mejores personas. La muerte con su sombra amarga a veces endurece tanto, que solo aquellos con sana esencia nos liberan el alma.

"Muchos de nosotros pasamos toda nuestra vida huyendo de los sentimientos con la creencia errónea de que no puedes soportar el dolor. Pero ya has soportado el dolor. Lo que no has hecho es sentir lo que eres más allá de ese dolor"

"Puedes olvidar a aquel con el que has reído, pero no aquel con el que has llorado"

Las cosas pudieron ser diferentes. Diferente pudo haber sido la actitud, el empeño, la colaboración y el final.

En este final hay una prueba de que el 90 % de nuestro destino, lo forjamos nosotros mismos. No está en los factores externos, lo definen nuestras más nobles o perversas voluntades.

Los resentimientos destruyen más a quienes los llevamos que a quienes van dirigidos. Por eso se debe perdonar. Que no es olvidar, es paz.

Recordar lo hermoso y sólido, deja ir lo demás con la inevitable muerte de ese ser amado.

Te abrazo tanto que duele.

Jen

Desde el país de sombras

"¿Qué es el morir, sino entregarse desnudo al viento y fundirse con
el sol?"
Khalil Gibram

En el país de las sombras está el reposo.

Hay un lugar donde el corazón queda inmóvil y solo se vive de forma mecánica. El cerebro gobierna como órgano superior todos tus pasos. La razón ordena las prioridades de tu presente y futuro.

Al país de las sombras me fui una mañana dispuesta a no llorar más. Solo a alcanzar metas. Parecía que estaba loca, al no querer ver la luz, más la luz sólo lastima los sentidos.

Antes de la sombra un día amé, y al otro me repetía, como frase de despedida: no debes mirar atrás, pues ya eres una estatua de sal.

Hubo un último torbellino de amor sin sombras, y aún no sé en qué mundo lo viví. Pero los torbellinos se tornaron ventiscas, que barrían cada chispa de esperanza, y la voluntad se fue quedando atrás *porque el amor es el subtítulo de algo mucho más específico y sideral;* en un universo donde nos desgasta menos aquello que podemos controlar. El gusto y el sueño placentero fueron trocando la rosa por el camino.

Aquí, en el país de las sombras, el silencio es la mejor premisa y se burla de lo espontáneo. Una vez confesé un secreto y en medio de mi desliz creí en la plenitud. Mas, en este lugar, el arrepentimiento sólo es un hueco vacío que se traga las lágrimas sin devolver algo alentador. Por eso no hay tiempo para lo perdido. Si perdido está, solo permanece en la piel como un tatuaje y se archiva en el buró del alma. Soy una mujer que se quedó hecha hielo, para evitar los sufrimientos y las decepciones.

Pienso en las palabras que se fueron del país, como aquellas, casi maternales: *Ella no tendrá que sentirse triste al ver una vida desperdiciada, una vida en la que no ha logrado realizarse el camino del amor.* Ahora entiendo que sólo señalaban que nada más podemos visualizar aquello que necesitamos ver. En mi nuevo mundo haré esa revolución interior, recordando ese consejo: *Quédate quieta, en silencio, y escucha a tu corazón. Y cuando te hable, levántate y ve donde él te lleve.* Lo recordaré porque si queremos sobrevivir en este mundo tan voluble, ¿no es al corazón a quien debemos seguir?

En mi mundo de sombras se desvanece ese paisaje en el cual se *intuye una mujer de hielo, hecha de cubos de hielo que se acercará y me dará un beso en la boca, en mi boca pequeña, y yo sentiré esos labios de hielo en mis labios y veré esos ojos de hielo a pocos centímetros de mis ojos, y entonces desfalleceré de amor y musitaré ¿por qué yo?, coquetería que me será perdonada, y la mujer hecha de cubos de hielo pestañeará, parpadeará, y en ese pestañeo y en ese parpadeo yo alcanzaré a ver un huracán de nieve, apenas, como si alguien abriera la ventana y luego, arrepentido, la cerrara abruptamente diciendo aún no, querida, lo que has de ver lo verás, pero aún no.*

Esa mujer de hielo se ha quedado sola, sin cuadro que pintar o paisaje por recorrer, sin evocaciones o tinteros. Solo la realidad que hiere y desgarra, que derrumba el castillo de naipes de lo que ya no sabe si fue cierto. Una mujer en un mundo de sombras que anda con la razón y el superficial deseo de realizar esos sueños que quedan y que no tiene que ver con el alma. Porque en el país de las sombras el alma es un cisne blanco, inasible, débil a la flecha de un cazador sangriento que no espera la transfiguración. Apenas una abertura crepuscular dentro de una mujer sin alas. De una mujer como otras, de malvada influencia. Una mujer que sabe que no se perderá en la curva de su cadera, encandilada por el brillo de sus ojos, ajena al fuego de su hogar. Una mujer que yace en el país de las sombras a salvo de lo invisible, pues lo invisible solo te hará llorar. Una mujer que no se detiene ni ante la lágrima que transita por el cristal de hielo, antes de congelarse en la nieve, porque ya no tiene lágrimas.

Jen.

LECHUZA, LINTERNA, LOCURA

Estimada que teme al espacio en que falto:
Le debo una respuesta
Que haga cruzar sus ojos
Con los míos
Su hombro a mi altura
Y su ego a mi talle.
¿Coherente?
Superficial princesa
De juicios vive el mundo
Se hunde
pero con el índice de su mano
firme y recto
Señala más allá
de éticas absolutas
¿Perfecta, pura, noble?
No
Imperfecta, miserable, pero íntegra
Soy más de lo que ves
Soy lo que decidiste ignorar
La fuerza tras la debilidad
El resurgir de las cenizas
Lo que subestimaste hasta el asombro
Lo paulatino más no inmóvil
Soy la mujer que añora
a esa otra que es
tu amiga y capitana...
Y mi amor como propio
Es profundo y único
Puede quedar sangrante
entre tantas heridas
Pero sigue encendido
A resguardo

Sin rencores,
Recelos u odios
Puede creerse olvido
Y en los muchos caminos
Será eterno
Vivo por cada
Letra
de cada poesía
Aún cuando no existamos
Cada palabra recordará
Que amé su voz
Su silueta, su oscuridad
Que la amé toda.
Siéntase superior
sea feliz
con su micra de afecto
Si la engrandece
Su inteligencia,
Su poder y su caudal.
No la envidio
Ni siquiera cercana
su presencia es mi alivio
Su resguardo por ella
es ya la compañía
a su soledad
Y por más eso sea
mi mayor anhelo
la quiero viva y feliz
por sobretodo.
Lamento el tono
de su anterior misiva
El de este poema privado

LECHUZA, LINTERNA, LOCURA

La contemplo admirable
en mi postura rígida
Estilizada y dura
la respeto y la aplaudo.
Es tan fácil ser indiferente
ser fría, ser distante
Ser quien da órdenes
Lo difícil es pedir perdón
quedarse humilde
Caerse y llorar
porque las lágrimas reviven
lo débiles que somos
aún con corazas
y con cetros.
Todo pasa
El poder, la vida, el tiempo
Lo difícil apenas
es la huella que queda
sobre la noche.
Mi huella.
Mi luz.
Jen.

Amigos:

Antiguamente los errores, las desgracias mantenían a las personas unidas, tal vez por la costumbre, por la necesidad económica, por un problema cultural, porque así debía ser y porque no, por amor.

Pero en esta era tan convulsa, es más fácil tirar todo y "volver a comenzar", como si los problemas desaparecieran al cambiar de historia.

La prisa, las frustraciones, el individualismo, la libertad que gozamos, nos vuelve de una "extraña" manera más egocéntricos y más débiles, es tan fácil ser una familia divorciada, es un mérito ser madre soltera o padre ejemplar a pesar de ya no estar en el hogar materno y lo verdaderamente heroico es mantener la familia unida, aun cuando flotamos en tablas.

Mi hermano Urso ha repetido bastante en sus cartas que somos su modelo, pero al final cada uno ha puesto su experiencia personal para ayudar a que el otro se crezca. En esta cíclica vida hemos odiado, nos hemos llenado de rabia, hemos reído, nos hemos desvelado, hemos llorado y hemos brindado por el logro o la felicidad del otro.

Ojalá pudiera virar atrás, ojalá nunca hubiera lastimado a seres tan queridos, pero ante el imposible de una máquina del tiempo, no hay un día que no agradezca tenerlos.

He intentado ser un poquito mejor cada vez, porque he tenido como guía la serenidad, el silencio oportuno, la respuesta concreta y segura, la resolución contundente, el análisis casi perfecto del presente y el futuro de Salomón el Grande. Las críticas constantes, la severidad, la sacudida, el apoyo y la sensación de resguardo de Urso. La filosofía y la espiritualidad de Alma. La esperanza y el constante batallar de la princesa Ligia para abrirse a la vida y trocar, como reparador de sueños, todo lo sucio en oro. El amor de mi Poe, ese que ha sido renuncia, entrega, perdón, ese que envuelve y ampara. Mis hijos que han sido la alianza hecha de amor y resistencia, de principio a fin.

Ante todo ello solo se puede agradecer. Cada uno ha tenido su historia secreta, para unos será inimaginable la frustración, el miedo, la decepción que los otros han experimentado, no es de profetas saber cada experiencia en menor o mayor medida nos cambia, nos endurece incluso nos aleja, más yo sigo creyendo en que lo mejor de cada uno siempre estará ahí, sigo creyendo que aunque desconectados, la conexión va más allá de la presencia o la comunicación, creo que poderosamente puede estar en el pensamiento.

Mi mejor recuerdo, para el Grande, el buen deseo en cada ocasión que merite de un brindis. Con mi pensamiento espero llegue la calidez de un abrazo para Alma y el sosiego que Urso necesita y la bendición de bienvenida que Ligia merece.

Los significados más completos en estos años han sido, primero: reconocer los errores, aceptar la responsabilidad y saber pedir perdón. Segundo: que cada minuto cuenta, que la vida es corta, que está cargada de tropiezos y malos momentos y que es un gran alivio haber dicho lo que sentíamos, porque nunca se sabe cuan tarde habrá sido o cuán importante fue un ¡gracias! Tercero: que la humildad y la justicia van con la dignidad y el concepto de ser humano personal, y depende de nuestra perspectiva de con qué colores miremos nuestro entorno. Cuarto: que es más fácil escribirlo que decirlo, y que practicarlo. Quinto: que no hacen falta rostros cuando se tiene la certeza de quien está junto a nosotros. Sexto: que se puede cambiar día a día, se puede ser mejores, se puede volver a comenzar cuando lo que se apuesta es tu propia vida y esa apuesta se hace por Amor, por Amistad. Séptimo: que en nuestra existencia tan incierta tal vez algún día nos encontremos todos, tal vez no, pero el tiempo compartido habrá marcado la diferencia para siempre.

A la salud, de lo bueno que nos queda por vivir y a la fortaleza de que estaremos juntos en lo malo que nos quede por vivir.

Jen.

Nota de la autora:

En este libro se recogen, no siempre entrecomilladas o debidamente acotadas (aunque sí en letras cursivas), frases de la obra de varios autores como Antoine de Saint-Exupery; Khalil Gibran, Silvio Rodríguez, Federico García Lorca, Pablo Milanés, Susanna Tamaro, Carlos Varela, Mahatma Ghandi, Teresita Fernández, San Agustín, entre otros. Por ellos, que han sido muchas veces fuente originaria de ideas y sentimientos, solo puedo sentir gratitud y admiración, nunca recusaciones ni apropiaciones ingratas, y menos aún tentativas de plagios.

Índice

Datos de la autora:

Yenisley Brito León (Melena del Sur, 1983) Abogada y poeta. Fue miembro de talleres literarios de creación en su pueblo natal. Tras desempeñarse como bibliotecaria, obtuvo una formación técnica en estudios socioculturales, antes de matricular en la carrera de derecho, la cual concluyó en el año 2009 en la Universidad de su provincia. Ejerce como Asesora Legal.

Ha estado vinculada al quehacer literario del escritor, abogado y editor cubano Roberto Ginebra, con quien se encuentra casada. Al encontrarla moribunda en su cama y llevarla al hospital donde le salvaron la vida, tras un fallido intento de suicidio provocado por profundas insatisfacciones personales, su esposo la estimuló a concretar su primer cuaderno de poesía, como acto de catarsis, pero convencido además del gran acierto de compartir la espiritualidad y el talento literario preterido de esta mujer, con el lector en lengua española. Esa es la obra que ponemos en sus manos.

9 798215 862117